ANTOINE

CHASSEUR

T0142513

*Señor Fernando Arbez... passe entre les deux énormes
palmiers avec un air de prince*

LUCETTE LAFITTE

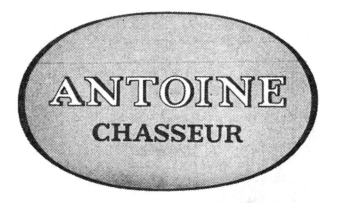

ANTOINE CHASSEUR

DESSINS DE WALTER GOETZ

CAMBRIDGE

AUX PRESSES UNIVERSITAIRES

1963

CAMBRIDGE
UNIVERSITY PRESS

University Printing House, Cambridge CB2 8BS, United Kingdom

Cambridge University Press is part of the University of Cambridge.

It furthers the University's mission by disseminating knowledge in the pursuit of
education, learning and research at the highest international levels of excellence.

www.cambridge.org
Information on this title: www.cambridge.org/9781107458697

© Cambridge University Press 1963

First edition 1956
Reprinted 1959, 1963
Re-issued 2014

A catalogue record for this publication is available from the British Library

ISBN 978-1-107-45869-7 Paperback

TABLE DES MATIÈRES

ILLUSTRATIONS

CHAPITRE PREMIER

L'Hôtel Majestic

Par une sombre après-midi de printemps, un taxi descend l'avenue de l'Opéra, tourne dans la rue de Rivoli et stoppe devant l'Hôtel Majestic — l'un des plus grands hôtels de Paris. Il pleut très fort et le chauffeur du taxi passe la tête par la portière et crie: 'Chasseur!'

Un jeune garçon d'une quinzaine d'années est là, à la porte de l'hôtel. Il est vêtu d'un bel uniforme bleu ciel, avec des boutons et des galons argent; sur la tête, il porte un képi noir, tout rond, avec une jugulaire.

A l'appel du chauffeur de taxi, le garçon s'arme d'un énorme parapluie jaune, vert et rouge et, avec un sourire engageant, se précipite pour ouvrir la portière aux voyageurs. Il accompagne jusque dans le hall de l'hôtel les deux dames qui sortent du taxi puis transporte leurs bagages dans l'ascenseur. Son travail terminé, le jeune homme reprend sa position à la porte. Pendant quelques minutes, il regarde passer les automobiles et les autobus.

'Antoine!' crie-t-on de l'intérieur. Il se retourne.

'Le monsieur du 3 veut deux paquets de Gauloises; et la dame du 16, Paris-Match et Vogue. Voici les cinq francs du monsieur et les dix francs de la dame. Dépêche-toi d'aller chercher ça!'

'Entendu, j'y vais' répond Antoine, qui aime beaucoup aller faire des commissions pour les clients. Rester à la porte pendant des heures est plutôt monotone. Alors, il est bien content d'avoir, de temps en temps, l'occasion de sortir, d'aller dans la rue, d'entrer dans les boutiques et de bavarder avec les commerçants. Une demi-heure plus tard, il est de retour. Le monsieur et la dame lui donnent chacun vingt francs de pourboire et, très satisfait, Antoine retourne à sa place devant la porte.

Il ne pleut plus. Il est maintenant six heures et, dans la salle du café, l'orchestre joue une valse viennoise. La rue est gaie avec toutes ses lumières et cette musique de danse. Antoine écoute l'air en sifflotant. Il est musicien; il joue de la guitare et il a un répertoire très varié. Tout à coup, une voix gaie et forte le tire de son rêve: 'Ça va, Antoine?' C'est un ancien camarade d'école—Antoine a beaucoup d'amis dans le quartier. Certains sont encore à l'école et ils viennent parfois bavarder avec lui; ils admirent son uniforme, sa liberté, son air d' 'homme'; ils l'envient un peu, et lui se sent un peu supérieur.

'Oui, et toi?' crie Antoine dans la direction d'une forme à bicyclette.

Mais il est huit heures. Il a fini son travail à l'hôtel. Il traverse la rue et rentre à la maison où sa mère l'attend pour verser la soupe dans les assiettes. Sa mère est concierge dans l'immeuble en face de l'hôtel. Son père est mort il y a trois ans.

CHAPITRE DEUX

Antoine à la maison

Ce soir Antoine est en retard et il est neuf heures moins dix quand il ouvre la porte de la loge. Le couvert est mis sur la petite table devant la fenêtre ouverte. La lampe est allumée car, à neuf heures, au mois d'avril, il fait nuit.

Antoine à la maison

'C'est toi, Antoine?' crie Madame Derrin en entendant marcher dans la loge.

'Oui, maman. Il fait froid, ce soir; est-ce que j'allume le radiateur électrique?'

'Oui, si tu veux. Tu es bien en retard. Qu'est-ce que tu as fait?' demande Mme Derrin en apportant la soupe. Pendant qu'elle verse la soupe fumante dans les assiettes, coupe le pain et verse du vin rouge dans les verres, son fils lui explique pourquoi il est en retard:

'Monsieur Arbez arrive demain entre onze heures et midi. Il a envoyé un télégramme de Bordeaux où il a débarqué cette après-midi. Il arrive avec sa famille: sa fille, son gendre et sa petite-fille qui est un bébé de trois ou quatre ans. Il m'a donc fallu aider à préparer l'appartement du premier étage, celui qui a le grand balcon sur la rue. Il a fallu faire les lits, passer à l'aspirateur, commander des fleurs pour le salon, mettre des savonnettes parfumées et des serviettes de toilette roses dans les salles de bains, et mille choses encore.... Le gérant était complètement affolé: il courait partout, donnait des ordres à droite, donnait des ordres à gauche, montait et descendait les escaliers, grondait les femmes de chambre... enfin! Maintenant tout est prêt!

'Il doit être très riche, M. Arbez?' demande Mme Derrin entre deux cuillerées de potage.

'Oh, tu penses! Il a des milliers de bêtes à cornes en Argentine et plusieurs grandes usines de conserves de viande. Il ne sait pas lui-même combien d'argent il possède. Mais, malgré sa grosse fortune, c'est un bien brave homme, simple, toujours prêt à rendre service et très généreux. Tout le monde l'aime bien, à l'hôtel.'

La soupe terminée, Mme Derrin se lève, change leurs assiettes et va chercher à la cuisine un plat de ragoût de mouton aux petits navets. Elle sert son fils copieusement car il a bon appétit. Pendant qu'elle le sert, Antoine continue:

'Il en a de la chance, M. Arbez! Imagine! Voyager, prendre le bateau ou l'avion; passer trois mois en Argentine dans un grand domaine, un mois à Paris; aller au théâtre, à l'Opéra, dans les plus grands restaurants; passer deux mois sur la côte d'Azur — à Nice ou à Cannes—, faire une croisière en Méditerranée — voir l'Italie, la Grèce, la Turquie... —, repartir pour l'Amérique, New-York pendant plusieurs semaines et recommencer! Ça, c'est la bonne vie! M. Arbez connaît tous les pays du monde; pour ses affaires, il a des bureaux dans toutes les capitales. Il connaît cinq ou six langues: l'espagnol, bien sûr, puisqu'il est argentin, l'anglais, le français, l'allemand et même le russe, je crois. C'est un homme formidable. Et il a plus de soixante-dix ans, ce qui est difficile à croire — mais c'est la vérité.'

Après le ragoût, du fromage, et ils terminent leur repas par des bananes et quelques biscuits. Puis ils font la vaisselle et, quand tout est en ordre, Mme Derrin s'installe dans l'unique fauteuil de la loge; elle tricote en écoutant une pièce à la radio. Antoine lit le journal du soir — les nouvelles sportives, en particulier.

A dix heures et demie, il dit bonsoir à sa mère et monte se coucher. Sa chambre est au sixième étage. Sa mère dort dans la loge pour pouvoir ouvrir la porte de l'immeuble aux locataires qui rentrent après dix heures du soir, mais lui dort dans une petite chambre au sixième.

CHAPITRE TROIS

L'arrivée de Señor Fernando Arbez

Le lendemain matin, à sept heures et demie, Antoine entre dans la loge où, déjà, Mme Derrin prépare le petit déjeuner. Le facteur arrive et frappe à la porte vitrée.

'C'est le facteur. Ouvre-lui, Antoine, et monte le courrier. Le petit déjeuner n'est pas encore prêt.'

Antoine ouvre. Le facteur lui donne un gros paquet de lettres.

'Quel bel uniforme tu as, mon garçon! Regarde le mien! Bleu marine! Quelle couleur! Comment être gai, en bleu marine!' Le facteur sort et entre dans l'immeuble d'à côté. Antoine monte par le grand escalier, l'escalier des locataires qui a un épais tapis rouge, des cuivres étincelants et des glaces. A chaque étage, il s'arrête, sonne et donne une lettre ou une carte postale. Quand c'est une carte postale il la regarde d'abord et, ainsi, il connaît Deauville, Monte-Carlo, Rome, Londres...c'est sa façon de voyager, à lui! Quand il a donné toutes les lettres, il redescend les cinq étages à toute vitesse, en sifflotant.

Il fait irruption dans la loge. 'J'ai horriblement faim!' crie-t-il.— 'Ton bol de café au lait et tes tartines beurrées sont sur la table', répond sa mère. Il mange vite et sort en criant: 'A ce soir, maman.'

A l'hôtel, les premières heures passent lentement mais, à onze heures et demie, arrive la grosse Cadillac de Señor Fernando Arbez et tout le personnel se précipite au service du client le plus important de la maison. Le gérant, Monsieur Brun, s'avance avec un sourire mielleux.

L'arrivée de Señor Fernando Arbez

Le garçon d'ascenseur se réveille et rectifie sa position. La grosse caissière se met de la poudre sur le nez. Antoine, rouge d'émotion, vient ouvrir la portière et salue.

Señor Fernando Arbez descend de la voiture avec lenteur et dignité. C'est un vieillard mais il est encore d'apparence jeune. Il est grand et mince et ses yeux clairs sont intelligents et un peu moqueurs. Il fume toujours un cigare d'une longueur extraordinaire et il porte toujours un chapeau à larges bords — un 'sombrero' — comme les hommes en portent en Argentine. Quand il parle français, Señor Arbez a un fort accent espagnol qui lui donne beaucoup de charme.

L'impressionnant vieillard entre dans le hall, passe entre les deux énormes palmiers avec un air de prince; il sourit à tout le monde, dit un mot plaisant au garçon d'ascenseur qui ricane d'un air bête, pénètre dans la machine et bientôt disparaît de la vue de ses admirateurs émerveillés.

Sur le trottoir, la fille de Señor Arbez confie à Antoine deux ou trois cartons à chapeaux, donne des ordres au garçon d'étage puis elle disparaît à son tour, suivie de son mari à l'air résigné et indifférent et d'une bonne d'enfant qui traîne une petite fille aux grands yeux étonnés.

'M. Arbez te demande', crie à Antoine une femme de chambre qui passe, les bras chargés de paquets.

Le képi à la main, le sourire aux lèvres, il frappe et entre dans le petit salon où Señor Arbez est installé à un bureau avec son secrétaire.

'Ah! Antoine! Mon garçon, voici de l'argent. Va me chercher des journaux et deux paquets de cigarettes turques — elles sont affreuses mais ma fille n'a pas de goût — et prends aussi, chez la fleuriste de l'Avenue Kléber, le bouquet de roses rouges que j'ai commandé

Antoine ouvre. Le facteur lui donne un gros paquet de lettres

par téléphone. Tu le porteras, comme d'habitude, chez ma chère vieille amie Madame Lecouturier et tu lui donneras également' — ici, Señor Arbez s'interrompt et prend sur une petite table un paquet long et plat '...cette boîte de chocolats. Et voici pour toi', ajoute-t-il en glissant dans la main d'Antoine une pièce de cinq francs que notre garçon empoche avec grand plaisir. Et il continue: 'Fais vite. Ne fais qu'entrer et sortir chez Mme Lecouturier et viens me voir dès que tu seras rentré.'

'C'est compris, M. Arbez!...et merci!'

CHAPITRE QUATRE

Antoine fait des courses

Antoine quitte l'appartement, descend dans la cour chercher un des tri-porteurs de l'hôtel. Ah! Il y en a un devant la porte de la cuisine. Antoine saute dessus et sort dans la rue. Il est heureux. Il fait beau et Antoine a toujours plaisir à faire un tour à tri-porteur. Il va très vite mais il est tout de même prudent et il s'arrête au feu rouge ou quand un agent de police lève son bâton blanc. Il ne met pas les pieds sur le guidon, comme le font les garçons-bouchers du quartier parce que, malheureusement, M. Brun, le gérant de l'hôtel, l'interdit formellement. Le voici devant un café-tabac; il s'arrête, entre et va tout droit à la caisse.

'Deux paquets de cigarettes turques, s'il vous plaît.'

'C'est F. 5,40'.

Il donne un billet de dix francs et la caissière lui rend la monnaie qu'il compte soigneusement. A la terrasse du café, un homme vend des journaux et Antoine lui en

Deux paquets de cigarettes turques, s'il vous plaît

achète deux ou trois et un magazine américain. Il jette tout cela dans le coffre de son tri-porteur, remonte et part dans la direction de l'avenue Kléber. Il monte l'avenue des Champs-Elysées, tourne autour de l'Arc de Triomphe et prend une des avenues sur sa droite — l'avenue Kléber. A quelques centaines de mètres de la Place de l'Etoile se trouve la fleuriste. Antoine entre.

'Bonjour, mademoiselle, je viens chercher les roses que M. Arbez a commandées.'

'Attendez un moment. Je vais les chercher.'

Pendant que la vendeuse est partie, Antoine admire les corbeilles de fleurs; l'odeur fraîche de mousse et de terre humides et le parfum lourd des fleurs et des plantes vertes lui donne l'illusion de se trouver dans quelque forêt tropicale.

'Voilà!' dit une voix derrière une immense gerbe de roses rouges. Antoine prend le bouquet et dit, 'Au revoir, mademoiselle' à la vendeuse invisible derrière les fleurs.

Délicatement, il place le bouquet dans le tri-porteur et repart dans la direction de la Tour Eiffel. Mme Lecouturier habite un petit appartement de luxe au septième étage d'un immeuble neuf, derrière la Tour Eiffel.

Au coup de sonnette d'Antoine, une vieille bonne vient ouvrir.

'Madame est sur la terrasse. Venez avec moi.' Antoine la suit. Sur la grande terrasse ornée de tulipes de toutes les couleurs, une vieille dame est assise sur une chaise longue. Elle écrit des lettres; auprès d'elle, une table est jonchée de papiers, d'enveloppes et de journaux. Au bruit des pas de sa bonne et d'Antoine, elle lève la tête et se retourne:

'Oh! Que ces fleurs sont belles! Lise, apportez le grand vase de cristal qui est sur le piano. Je veux garder ces roses près de moi; elles sont trop belles pour être au salon où je vais si rarement.'

Antoine donne les roses à la bonne et remet la boîte de chocolats à Mme Lecouturier.

'Ceci est aussi de la part de M. Arbez.'

'N'est-ce pas un homme charmant? Jamais il ne m'oublie! Une pauvre vieille dame comme moi! Antoine, mon garçon, passez à la cuisine; Lise vous donnera un morceau de son excellent gâteau aux amandes et un verre de vin de mon pays — je suis de la Bourgogne, vous savez.'

Antoine la remercie, traverse la terrasse d'où, par cette belle matinée claire, il peut voir les jardins du Champ de Mars, la Tour Eiffel — impressionnante, vue de si près — la Seine et jusqu'aux deux masses blanches entourées de jardins du Palais de Chaillot. Il boit, mange puis regagne son tri-porteur et rentre directement à l'hôtel où, à peine arrivé, il monte chez Señor Arbez.

CHAPITRE CINQ

Une offre sensationnelle

'Ah! C'est toi! Entre et dis-moi comment va Mme Lecouturier?'

'Très bien, monsieur. Elle est très contente des roses et des chocolats et elle m'a prié de vous remercier vivement de sa part.'

'Elle était seule à l'appartement? Personne ne t'a arrêté en chemin?' demande M. Arbez.

'Mais...non, monsieur...personne', répond Antoine, un peu étonné! M. Arbez lui pose cette question surprenante à chaque fois qu'il revient de chez Mme Lecouturier.

Une offre sensationnelle

'Bon, c'est très bien. Maintenant, Antoine, j'ai une offre à te faire qui te fera plaisir, je crois. Veux-tu faire du cinéma?'

Antoine, à cette question, ouvre de grands yeux stupéfaits.... 'Moi, je veux bien, monsieur, mais je n'ai jamais eu l'occasion d'en faire.'

'Eh bien! Voilà ton occasion! Un de mes bons amis est producer; il travaille aux Studios de Billancourt et il a besoin d'un garçon dans ton genre.' M. Arbez prend son stylo et écrit un nom et une adresse sur une de ses cartes de visite, puis la tend à Antoine en ajoutant:

'Tu n'as qu'à te présenter demain matin au studio à sept heures — on se lève tôt dans le monde du cinéma — et présenter cette carte; mon ami se chargera de toi et te dira ce que tu dois faire.'

'Mais, monsieur, et l'hôtel? Ce n'est pas mon jour de congé demain', réplique, d'une voix plaintive, Antoine qui voit disparaître son avenir d'artiste.

'Ne t'inquiète pas! J'arrangerai cela avec le gérant; il te donnera congé.'

'Je ne sais comment vous remercier...', balbutie Antoine.

'Ne me remercie pas. J'espère que tu seras content de ton rôle et, peut-être, d'autres rôles suivront...sauve-toi, j'ai beaucoup de travail!'

Comme dans un rêve, Antoine descend l'escalier. Toute la journée il songe à 'ses films', à 'son rôle'. Il n'a que quinze ans mais avec un bon maquillage il peut paraître un peu plus âgé, dix-huit ou dix-neuf ans. 'Quel est mon genre?' se demande-t-il. 'Je sais danser, chanter, jouer de la guitare...je me vois très bien dans un rôle mi-sentimental, mi-fantaisiste—à la Johnny Halliday, par exemple.'

Une offre sensationnelle

A cinq heures, une voix le sort de sa rêverie. C'est celle de M. Brun qui vient lui donner la permission de partir immédiatement et de s'absenter le lendemain.

Antoine, au comble de la joie et de l'énervement, part en courant chez le coiffeur du coin, puis rentre directement à la maison où il passe des heures à parler de son avenir cinématographique avec sa mère.

De bonne heure le jeune homme monte se coucher de façon à être frais et dispos quand son réveil sonnera à six heures du matin le lendemain — le jour 'j' de ses débuts dans le cinéma.

Arrivé dans sa chambre, il ouvre la lucarne et, pendant quelques minutes, contemple les petites lumières du quartier. Voilà l'avantage d'habiter haut: on a une belle vue sur la ville. Dans la journée, par temps clair, Antoine voit une grande partie de Paris jusqu'au Bois de Boulogne.

'Brr! La nuit est froide!'

Il quitte la lucarne, allume sa lampe et son petit radiateur, tire les rideaux et se déshabille. Il est fier de sa chambre. C'est lui qui l'a peinte et décorée. Elle est toute simple mais très agréable. Les murs sont gris pâle et son divan est couvert d'une étoffe de coton aux couleurs chaudes. Au-dessus du divan, il a fixé une étagère sur laquelle il met ses livres et quelques petits objets dont les clients riches lui ont fait cadeau; un petit taureau en bronze, offert par M. Arbez, y a la place d'honneur. Sur un autre mur, des photographies de célébrités sportives qu'il admire sont accrochées: des boxeurs, des coureurs-cyclistes surtout. Dans un coin, derrière un rideau assorti au tissu du divan, il y a une sorte de cabinet de toilette. Malheureusement il n'y a pas d'eau dans sa chambre et quand il veut se laver, il prend un broc et va chercher de l'eau sur le palier — et, bien sûr, c'est de l'eau froide et, en hiver, se laver à l'eau froide n'est pas agréable — mais on ne peut pas tout avoir! Dans l'ensemble, Antoine est très satisfait de son 'chez lui'.

Maintenant, il est en pyjama et il saute dans son lit. Avant de dormir, il ouvre son phono et joue un disque de jazz. Tout en écoutant la musique il lit quelques pages de son roman policier.

Mais il est tard. Il arrête son phono, le ferme, replace son livre sur l'étagère, remonte son réveil pour six heures et éteint la lumière. Il bâille, siffle quelques notes, se retourne dans son lit et s'endort.

CHAPITRE SIX

Antoine entre dans le monde du cinéma

La lucarne encadre un morceau de ciel encore gris à cette heure matinale. Six coups sonnent au clocher de l'église voisine. Tout est calme; les parisiens sont encore endormis.

Quel est ce bruit infernal qui rompt tout à coup la paix de ce matin de printemps? Le réveil! Une main hésitante sort des draps et s'abat sur le bouton de la sonnerie puis, lentement, redisparaît dans la masse chaude du lit. Quelques minutes passent...tout à coup, le lit semble entrer en éruption: les oreillers voltigent, les couvertures se retournent dans tous les sens, la lampe s'allume et voici Antoine, debout au milieu de la pièce, les cheveux ébouriffés et l'air ahuri. 'J'allais me rendormir!' Une sueur froide lui vient à cette pensée. 'Mais il faut que je me dépêche ou bien je ne serai jamais à sept heures au studio de Billancourt.'

Rapide comme l'éclair, il s'habille, dégringole ses six

Antoine entre dans le monde du cinéma

étages, sort de l'immeuble, gagne la bouche de métro, prend un billet et se dirige vers le quai 'Direction Pont-de-Sèvres'. Personne dans la station. Ses pas retentissent d'une façon étrange dans ce tunnel carrelé. Rien ne semble réel, ce matin. La rame arrive et s'arrête.

Personne ne descend. Antoine monte dans la dernière voiture. Un coup de sifflet, les portes se referment automatiquement et la rame repart. Dans le compartiment, quelques ouvriers sont installés. Ils habitent loin de leur travail, sans doute, et, tous les matins, ils prennent le métro de très bonne heure pour faire un trajet d'une heure ou peut-être même davantage. Ils dorment dans les coins, la tête sur la poitrine, tenant sur leurs genoux des boîtes qui contiennent leur déjeuner. Personne ne parle, personne ne lit; une sorte de stupeur règne dans le métro parisien entre cinq et sept heures du matin.

La station d'Antoine arrive. Il descend, et prend un escalier mécanique qui le remonte à la surface. Il sort de la station, prend la première rue à droite puis, arrivé à un croisement, traverse la chaussée, tourne à gauche et le voici devant le Studio Cinématographique de Billancourt. Un long mur de plusieurs centaines de mètres, une énorme grille fermée avec, sur un côté, une guérite de bois d'où un gros homme semble contrôler une queue d'hommes et de femmes....

Antoine s'approche de la grille qui porte un grand panneau de bois avec l'inscription 'Entrée des Studios'.

'Et toi, qu'est-ce que tu veux?' lui crie le gros homme d'une voix de stentor. Légèrement intimidé, Antoine lui répond qu'il a rendez-vous avec l'un des producers et lui tend la carte de M. Arbez.

'Bon. Eh bien, tu le verras ton producer. Mais tu penses bien qu'il ne sera pas ici avant dix heures! Ces messieurs n'arrivent jamais avant dix heures. En attendant, prends la queue avec les autres.'

'Mais, mon cas est un peu spécial: j'ai un rendez-vous', reprend Antoine d'un ton mal assuré.

'Moi, je ne connais pas de cas spéciaux! Fais la queue comme tout le monde. Ton tour viendra.' Et, avec ces mots peu encourageants, le gros homme rentre dans sa guérite boire un grand bol de café au lait bien chaud qui fait envie au pauvre Antoine qui, lui, n'a encore rien mangé. Un peu triste, Antoine va se placer au bout de la queue, accompagné à chaque pas par les rires moqueurs et les quolibets des gens de la queue. Bientôt d'autres personnes viennent se placer derrière lui et la queue prend des proportions surprenantes. Les autres connaissent la routine; aussi viennent-ils avec des sandwiches et des bouteilles-thermos de café ou de chocolat. Antoine a faim et froid. Un de ses voisins, un garçon d'une vingtaine d'années, remarque son air malheureux et gelé et lui offre de partager la nourriture qu'il a apportée. Antoine retrouve vite sa bonne humeur naturelle grâce aux provisions et surtout au sourire amical de son nouveau camarade.

A huit heures et demie, la grille s'ouvre et un homme, encore jeune, svelte et à l'air décidé vient parler au gros homme de la guérite qui salue le nouveau venu avec respect:

'Ce sont les figurants?'

'Oui, M. Georges.'

M. Georges se place au milieu de la rue et crie à la foule:

'Aujourd'hui, il ne nous faut que des jeunes. Toutes les personnes de plus de trente ans peuvent partir. S'il y a de bons danseurs, qu'ils attendent à gauche dans la cour d'entrée.'

Rapidement l'homme repart et la queue se divise: les

jeunes sont contents et ils entrent en bavardant. Certains vont vers la gauche — ce sont les bons danseurs !; et les autres, les plus de trente ans, repartent mécontents et déjà fatigués de la journée.

Antoine entre avec les jeunes.

CHAPITRE SEPT

Une matinée au studio

Apercevant M. Georges dans le hall d'entrée du studio Antoine va vers lui et lui présente la carte de M. Arbez.

'Tu veux voir Jacques Richard ? Il n'est pas encore arrivé. Attends-le dans le couloir du fond; il passe toujours par ce couloir pour aller sur le plateau', et M. Georges s'en va. Antoine gagne le petit couloir du fond. Il y a partout des affiches

> SILENCE, ON TOURNE

ou bien

> DÉFENSE DE FUMER

Il attend entre le pompier de service et un gros sac de sable. Dix heures, Antoine attend...dix heures et demie ...onze heures moins le quart, Antoine attend toujours ! Epuisé d'être sur ses jambes depuis six heures du matin, il finit par s'asseoir sur le sac de sable qui lui semble invitant. Vers onze heures un petit homme, tout rond, coiffé d'un béret basque et vêtu d'une veste de cuir passe, affairé et soucieux; dans son sillage, suivent deux hommes et trois

femmes, encore plus affairés et plus soucieux que le petit homme tout rond. Perché sur son sac, la tête contre le mur, Antoine est maintenant sur le point de s'endormir; il perd contrôle de l'heure.

'Alors, tu as vu Jacques Richard?' Antoine sursaute. C'est M. Georges qui apparaît à ses yeux pleins de sommeil.

'Mais non, monsieur', répond-il en sautant de son sac.

'Il est arrivé depuis longtemps. Tu ne l'as donc pas vu passer? Allez, viens avec moi!' M. Georges le pousse devant lui le long de l'étroit corridor, ouvre une porte portant l'inscription:

ENTRÉE INTERDITE

...Antoine se trouve pour la première fois de sa vie sur un plateau de cinéma. Quelle foule! Que d'instruments bizarres! Que de bruit! Quelle lumière! Quelle agitation fébrile! Tous ces gens sont fous! Toujours guidé par M. Georges, il arrive devant une petite table derrière laquelle se trouve le petit homme tout rond de tout à l'heure! Le petit homme ne le voit d'ailleurs pas; il parle à deux femmes en faisant de grands gestes. 'Il n'a vraiment pas l'air aimable', pense Antoine. Sans hésiter l'intrépide M. Georges déclare d'une voix forte qui domine le tohu-bohu général: 'M. Richard! Voici un garçon recommandé par M. Arbez; il demande à vous parler. A voir son uniforme, je pense que c'est pour le métrage-publicité 402.'

Le petit homme rond s'interrompt, tourne la tête, inspecte Antoine...il semble intéressé.

'Antoine, n'est-ce pas?' et, regardant M. Georges, il

continue: 'Parfait l'uniforme, vous ne trouvez pas? C'est tout à fait le garçon qu'il nous faut.' S'adressant à Antoine, il ajoute: 'Je n'ai besoin de toi que cette après-midi. Comme il est midi et demi, tu vas déjeuner à la cantine du studio — M. Georges te donnera un billet, tu n'auras rien à payer. Mange et reviens ici à deux heures précises.'

'Mais, monsieur', reprend Antoine avec hésitation, 'je ne sais pas encore mon rôle...je ne l'ai même pas vu... on ne m'a pas dit ce que je devais faire, ni quel costume je devais porter.'

'Ne t'inquiète pas, mon garçon. Tout ira très bien. Déjeune et reviens à deux heures.'

Antoine prend le billet que lui tend M. Georges et s'en va, sans enthousiasme, dans la direction qu'on lui indique. Il traverse une grande cour, monte quelques marches et entre dans un bâtiment très moderne. C'est la cantine du studio. Il y a là un grand nombre de personnes à l'aspect étrange: devant un immense comptoir de marbre blanc des soldats romains boivent du vin blanc et mangent des sandwiches au jambon; dans le fond, assis à de petites tables rondes, des mousquetaires dévorent des biftecks aux frites. Perdu dans cette foule bizarre, Antoine se faufile vers le comptoir où il commande un bifteck et un coca-cola.

'Voilà, fiston', lui crie le garçon d'un air joyeux en lui tendant son assiette et son verre '...donne ton billet.' Antoine le lui donne et se retourne...mais où aller dans cette foule? A tout moment il risque de renverser son verre ou son assiette sur quelqu'un. Une sorte de général romain, là-bas, dans le fond de la salle, lui fait de grands signaux. Il ne connaît pas le général mais, à tout hasard, il va vers lui.

'Alors, ça va, mon vieux? Tu as du travail?' crie le général...et Antoine reconnaît le jeune homme qui, ce matin, dans la queue, a partagé son petit déjeuner avec lui.

'Viens donc manger à ma table. Il y a un monde fou aujourd'hui. On ne sait plus où se mettre.'

Antoine s'installe et commence à manger tout en examinant d'un œil plein d'admiration le costume de son ami.

'Tu as un bon rôle, toi!'

'Ne te fais pas d'illusions! Je me promène dans la foule, c'est tout! Je ne dis rien; je passe dans un marché et je m'arrête ici et là devant des marchandes de fruits. Oh, ce n'est pas difficile. Mais quelle chaleur il fait sur ce plateau, c'est atroce!'

Antoine voit un livre ouvert à côté de l'assiette de son compagnon et lui demande ce qu'il lit:

'C'est du grec. Je passe un examen dans trois mois; j'ai beaucoup de travail. Ici, je lis pendant les longues heures d'attente.'

'Tu es étudiant?'

'Oui, et comme je n'ai pas beaucoup d'argent je viens au studio plusieurs fois par semaine pour pouvoir payer ma chambre d'hôtel à la fin du mois. Et toi, qu'est-ce que tu fais?'

'Je suis chasseur au Majestic.'

'Chic hôtel!' réplique l'étudiant avec un petit coup de sifflet admiratif. Puis il se lève, prend son livre et quitte Antoine pour retourner sur son plateau.

Bientôt Antoine quitte à son tour la cantine et, à deux heures juste, il va retrouver Jacques Richard.

CHAPITRE HUIT

Antoine acteur

Jacques Richard explique à Antoine:
'Nous tournons un petit film publicitaire pour des cigarettes étrangères. Voici la scène: tu te tiens avec un plateau de cigares et de cigarettes, près de la porte d'un restaurant de grande classe. Un homme et une femme, très élégants, terminent un bon dîner; le garçon apporte le café et le monsieur chic te voit; te fait signe de la main; tu t'approches avec un gentil sourire; le monsieur te demande un paquet de cigarettes; tu en prends un que tu présentes d'abord face à la caméra — pour que l'on voie la marque, tu comprends — puis tu le donnes au monsieur en disant "Voici, monsieur" d'un air gai, rieur. L'homme et la femme se mettent à fumer d'un air inspiré et toi, satisfait, tu montres à nouveau un paquet face à la caméra et ton sourire s'élargit, devient gigantesque, tu montres toutes tes dents! C'est tout. Tu as compris?'
Antoine, très déçu de n'avoir que deux mots à dire dans *son* film et de n'avoir même pas à changer de costume, ne répond rien pendant quelques secondes...puis d'un ton désenchanté:
'Oui, m'sieur.'
'Bon. Voici les deux acteurs qui jouent avec toi.'
Antoine serre la main aux deux autres qui l'impressionnent beaucoup avec leurs beaux vêtements.
'Le décor est-il prêt? Pouvons-nous commencer?' crie Jacques Richard et quelqu'un lui répond, 'Oui, patron. Tout est prêt.' Antoine et les deux autres prennent leur position. Des projecteurs s'allument. Antoine, qui n'a

pas l'habitude de cette lumière intense a du mal à garder les yeux ouverts. Des hommes passent et repassent, crient des numéros.

'Allez-y, mes enfants', tonne Jacques Richard. Et Antoine, tenant son plateau de cigares et de cigarettes, sourit sans conviction; au signe convenu, il s'avance vers la table où les deux autres prétendent terminer un copieux dîner. Comme on lui a dit de faire, il prend un paquet de cigarettes qu'il présente à la caméra avec, croit-il, un sourire engageant....Un cri rageur part de l'ombre environnante.

'Coupez! Mais non, mon garçon. Ça ne va pas du tout! Ton sourire n'est pas assez large. Il faut frapper le public, l'hypnotiser; comprends-tu? A te voir sourire, on dirait que tu as mal aux dents! Allons, recommence; et cette fois-ci, donne-nous un sourire jusqu'aux oreilles.'

Deux fois encore, la scène recommence et est interrompue parce que le producer rugit qu'Antoine n'a pas l'air assez gai. Exaspéré, à la troisième fois, Antoine ouvre la bouche toute grande, montrant toutes ses dents et même ses gencives. Il a plus envie de mordre que de sourire et il pense qu'il doit avoir l'air complètement idiot....A sa grande surprise, M. Richard le laisse continuer. Le dialogue terminé, on éteint les projecteurs et l'agitation générale reprend. Le producer s'avance:

'Merci, mes enfants. C'est parfait. Toi, Antoine, je crois que tu vas faire ton petit effet. Je suis content de toi; donne ton nom et ton adresse à ma secrétaire, j'aurai probablement besoin de toi d'ici quelque temps.'

Et, sans laisser à Antoine le temps de répondre, il s'en va. Le jeune homme va donner son nom et son adresse à la jeune femme qui préside derrière la table du producer; puis il quitte le studio.

Il faut frapper le public, l'hypnotiser, comprends-tu?

Antoine acteur

Dehors, la nuit commence déjà à tomber. Dans les rues du quartier, les ménagères font leurs provisions pour le souper. Antoine achète des oranges à une marchande des quatre-saisons et reprend le métro.

Quand il arrive chez lui, sa mère l'attend avec une certaine inquiétude car il est tard. Pendant que la brave femme fait frire du poisson pour leur dîner, Antoine lui raconte sa journée et, en terminant, jette sur la table, avec satisfaction, les vingt mille francs qu'il a reçus au studio. Vingt mille francs, ce n'est pas la fortune, bien sûr, mais c'est un petit supplément fort appréciable.

La mère et le fils se mettent à table mais à peine ont-ils commencé de déguster leur poisson que l'on frappe à la porte de la loge. C'est Riki, un petit voisin, ancien camarade de classe d'Antoine, qui est maintenant garçon-épicier. Il vient aux nouvelles; il veut savoir ce qu'Antoine a fait au studio. Et avec lui commence un véritable défilé; à chaque instant on frappe et un autre camarade d'Antoine fait son entrée. Bientôt une bonne quinzaine de garçons sont entassés dans la petite loge. Ils sont tous pleins d'admiration pour Antoine qui est, plus que jamais, le héros du quartier. Ils le pressent de questions; et lui, la bouche pleine, leur répond. Au fond, il est content de sa nouvelle importance.

'Vas-tu quitter l'hôtel pour faire du cinéma?' lui demande un gamin aux cheveux roux.

'Oh non! Le cinéma, ce n'est pas pour moi, tu sais. Je veux bien de temps en temps tourner un petit film pour m'amuser mais c'est tout. Le monde du cinéma est un monde tellement artificiel!'

Ici sa mère met fin à cette conversation interminable.

'Allez, mes enfants. Il faut retourner chez vous. Antoine est très fatigué; il s'est levé de bonne heure et il a beaucoup travaillé aujourd'hui. Je veux qu'il aille se coucher tout de suite. Tu entends, Antoine?'

Tous les amis partent et Antoine monte au sixième. Il va bien dormir cette nuit, c'est sûr!

CHAPITRE NEUF

Une étrange révélation

Le lendemain, dès son arrivée à l'hôtel, Antoine monte directement à l'appartement de M. Arbez pour lui parler de sa journée au Studio de Billancourt.

Tiens! La porte est ouverte. Au milieu du petit salon, une femme de chambre passe à l'aspirateur, les meubles sont entassés dans un coin, les fleurs ont disparu....

'Mais qu'est-ce qui se passe?' demande Antoine à la jeune femme.

'Eh bien! Vous le voyez! Ils sont tous partis: M. Arbez, sa fille, son gendre et les deux secrétaires.'

'Mais ils devaient rester ici quinze jours.'

'Je le sais bien. Mais M. Arbez a reçu un télégramme hier après déjeuner et ils sont tous partis immédiatement.'

'Eh bien, ça alors!'

Antoine, tout doucement, redescend l'escalier. Il est stupéfait de ce départ précipité; il est aussi un peu déçu — la vie est tellement plus amusante quand M. Arbez est à Paris. Il reprend sa place sous le porche de l'hôtel. Aujourd'hui, il pleut; c'est une petite pluie fine et péné-trante qui promet de durer toute la journée. A côté de lui, Antoine a son grand parapluie avec lequel il abrite les clients qui entrent et sortent à tout moment. Après l'excitation de la veille, ce travail lui paraît monotone.

Une étrange révélation

'Antoine! M. Brun te demande dans son bureau.'

Antoine sort de sa torpeur. C'est la voix de la dame du vestiaire qui répète, 'Mais dépêche-toi, mon garçon! Le patron veut te voir tout de suite.'

'J'y vais, j'y vais!' réplique Antoine d'assez mauvaise humeur. Qu'est-ce qu'il me veut?' se demande-t-il, non sans appréhension, tout en gagnant le petit bureau marqué 'Direction' d'où M. Brun dirige avec une fermeté bienveillante l'hôtel et ses domestiques. Passant devant une glace Antoine arrange son col, ôte son képi qu'il place sous son bras gauche, replace une mèche de cheveux rebelle...il est prêt, il frappe à la porte de M. Brun.

'Entrez!'

Antoine entre et voit deux hommes dans la pièce: M. Brun, installé dans un fauteuil de cuir rouge derrière un massif bureau couvert de papiers; et, dans un autre fauteuil de cuir, un homme d'une quarantaine d'années, de taille moyenne et assez corpulent, vêtu d'un imperméable gris-beige. Les deux hommes le regardent s'approcher du bureau.

'Antoine, voici M. Riquois de la Sûreté.' Au mot de 'Sûreté' Antoine se tourne vers l'inconnu et le regarde avec surprise. Les visites des agents de la police sont très rares; l'Hôtel Majestic est une maison éminemment respectable. M. Riquois est un policier en civil. C'est d'ailleurs très évident: son imperméable et son air révèlent tout de suite le policier. C'est M. Riquois qui maintenant l'interroge:

'Pouvez-vous me dire tout ce que vous avez fait pour M. Arbez le jour de son arrivée, c'est-à-dire avant-hier.'

Avant de lui répondre, Antoine consulte du regard M. Brun qui, voyant son embarras, lui dit d'un ton paternel:

'M. Riquois a de bonnes raisons de croire que M. Arbez fait le trafic des diamants. Il faut que tu lui répondes.'

Une étrange révélation

M. Riquois reprend: 'La police est sûre que c'est lui qui, depuis des années, fait passer des diamants en France; mais nous n'avons pas de preuve, il nous en faut une. Mon idée c'est que, quand il arrive ici, à l'hôtel, il a les bijoux avec lui. Comment et à qui les passe-t-il? Voilà la question! Je crois que vous pouvez nous aider. Dites-moi tout ce qu'Arbez a dit et fait devant vous avant-hier et quelles courses vous avez faites pour lui.'

'Eh bien, voilà: il m'a donné de l'argent pour acheter des cigarettes et des magazines; il m'a aussi donné une boîte de chocolats que je suis allé porter, comme d'habitude, chez une de ses vieilles amies qui habite près de la Tour Eiffel; j'ai également porté à la vieille dame un bouquet de roses que j'ai pris chez la fleuriste de l'Avenue Kléber — celle qui est le plus près de la Place de l'Etoile. C'est tout, m'sieur.'

Le policier, debout devant la fenêtre ouverte, écoute Antoine. Il regarde la circulation dans la rue d'un air distrait et, de la main droite, il tapote la vitre. Pendant une minute l'homme se tait. Il réfléchit à ce qu'Antoine vient de lui dire. Puis, d'une voix calme, presque indifférente, il questionne de nouveau:

'Vous avez dit: "*comme d'habitude*, je suis allé porter une boîte de chocolats"....'

'Oui, m'sieur. A chaque fois que M. Arbez est ici, il m'envoie, dès son arrivée, porter des chocolats à cette dame. C'est une vieille dame qui vit seule ou plutôt avec une vieille bonne; alors, vous comprenez, M. Arbez veut lui faire plaisir — c'est bien naturel.'

M. Riquois sourit de la naïveté sentimentale d'Antoine et poursuit:

'Cette boîte de chocolats, est-ce qu'il l'a avec lui et vous la donne ou bien est-ce qu'il vous demande d'en acheter une?'

'Il l'a avec lui. Ce sont toujours des cerises au kirsh; il les achète sans doute chez un confiseur pour qui la vieille dame a une préférence, je suppose.'

'Il est aussi fort possible qu'il place les diamants dans ces chocolats si spéciaux!' réplique M. Riquois en sortant de sa poche un carnet qu'il tend à Antoine.

'Voulez-vous écrire l'adresse de cette personne ainsi que l'adresse de la fleuriste. Evidemment, il est encore possible que les pierres soient dans le bouquet de fleurs. Je vais faire surveiller la fleuriste. Mais je crois, moi, qu'elles sont dans cette fameuse boîte de cerises au kirsh qu'Arbez se donne la peine d'acheter lui-même. Voici ce que nous allons faire: quand M. Arbez reviendra — s'il revient — s'il vous envoie chez la vieille dame avec la rituelle boîte de bonbons, vous préviendrez M. Brun avant de quitter l'hôtel. M. Brun me téléphonera et je me rendrai avec mes hommes dans l'immeuble de la dame en question. Vous monterez l'escalier tout doucement, sans vous presser, vous verrez là un de mes hommes qui vous donnera une boîte en échange de celle de M. Arbez. Vous ne poserez pas de questions; vous continuerez de monter et vous entrerez chez la vieille comme si tout était absolument normal. Vous resterez chez elle un bon quart d'heure pour me donner le temps d'inspecter la boîte. Si nous trouvons ce que nous cherchons, nous vous rejoindrons. Sinon, vous partirez au bout d'un quart d'heure et vous retournerez au Majestic; avez-vous compris? J'espère que vous êtes bon acteur!'

'Oh oui, m'sieur!' répond Antoine avec vivacité, 'je fais un peu de cinéma.'

'Pas possible!' s'exclame M. Riquois en se dirigeant vers la porte, son chapeau mou à la main.

'Antoine vient de tourner un petit film publicitaire.

Vous le verrez d'ici un mois dans tous les cinémas. Nous sommes très fiers de notre chasseur', explique M. Brun en ouvrant la porte au policier.

Avant de partir, M. Riquois, l'air soudain soucieux ajoute: 'Et, bien sûr, pas un mot à personne, pas même à la famille ou aux amis. Je compte sur vous deux.'

'N'ayez crainte!' s'exclament à la fois M. Brun et Antoine.

M. Riquois parti, M. Brun se tourne vers Antoine et lui dit d'une voix basse mais impérative:

'Tu as bien compris, Antoine! Pas un mot à personne! Maintenant retourne à ton travail. Tout est NORMAL, entends-tu!'

Le soir Antoine a bien envie de raconter à sa mère les révélations sensationnelles du détective. Aussi, pour éviter de trahir la confiance de M. Riquois, il monte se coucher de très bonne heure sous prétexte qu'il a mal à la tête.

En entrant, chez lui, M. Brun crie à sa femme:

'Il m'arrive une chose fantastique! Tu connais notre meilleur client Señor Arbez? Eh bien, c'est un trafiquant de diamants! Quelle histoire! Et moi qui avais tant de confiance et d'admiration pour ce vieillard!...'

Toute la soirée, M. Brun et sa femme n'ont pas d'autre sujet de conversation.

CHAPITRE DIX

Une bonne surprise

Depuis des mois et des mois, Antoine, M. Brun, M. Riquois et toute la Sûreté attendent le retour de Señor Arbez. Mais Señor Arbez ne revient pas!

Une bonne surprise

Enfin, un soir d'orage, une grosse voiture noire s'arrête devant l'hôtel. Antoine, armé de son parapluie d'Arlequin, s'élance, ouvre la porte et il a grand-peine à ne pas pousser un cri en voyant sortir...M. Arbez. Quelques secondes lui suffisent pour se reprendre et sourire.

'Bonsoir, M. Arbez. Voilà bien longtemps qu'on ne vous a pas vu. M. Brun va être bien surpris. J'espère qu'il y a une bonne chambre pour vous mais nous avons beaucoup de monde en ce moment.'

Dans le hall, M. Brun — moins bon acteur que son chasseur — laisse tomber toute une pile de menus, tant il est stupéfait de voir M. Arbez devant lui. Il bégaie:

'M. Arbez! En voilà une bonne surprise!....Mais vous ne m'avez pas prévenu et tous les appartements sont occupés.'

L'Argentin, plus vieux qu'à son précédent passage à Paris, lui répond:

'Cela ne fait rien. Je ne reste qu'une nuit et, comme je suis seul cette fois, je prendrai n'importe quelle chambre.'

M. Brun passe derrière le bureau de réception, consulte son grand registre, prend une clef au tableau derrière lui et la tend à Antoine:

'Chambre 72, au deuxième', et s'adressant à M. Arbez:

'Je regrette, c'est la seule chambre qui me reste. Elle n'est pas très grande mais elle est confortable. Bonsoir, Monsieur.'

Antoine, portant l'unique valise du vieillard, le suit dans l'ascenseur et dans la chambre 72. Il dépose la valise que M. Arbez ouvre immédiatement avec des mains qui tremblent légèrement.

'Antoine, je sais qu'il est tard mais je repars demain matin. Voudrais-tu me faire un grand plaisir?'

A ce moment il sort de sa valise la boîte de chocolats

Une bonne surprise

habituelle — Antoine ne peut s'empêcher d'avoir un petit choc.

'Va porter cette boîte à Mme Lecouturier. Par la même occasion, rapporte-moi une boîte de cigares de la Havane; je n'en ai plus et ne peux passer la soirée sans fumer.'

'Je vais y aller tout de suite, monsieur.'

'Brave garçon! Tiens, voici de l'argent pour les cigares et ta commission.'

Antoine sort de la chambre, descend les deux étages. Personne dans le couloir. Il frappe à la porte du bureau de M. Brun qui lui ouvre:

'Je vais faire une commission pour M. Arbez', annonce Antoine en tapotant d'un air significatif la boîte qu'il tient sous le bras gauche.

'Bon', dit M. Brun. 'Bon, bon!'

Antoine va prendre son tri-porteur et sort de l'hôtel en sifflotant. Pour donner à M. Brun et à M. Riquois le temps d'agir, il fait six fois le tour de l'Arc de Triomphe à une allure de tortue malade. Enfin, il se décide à prendre le chemin de la Tour Eiffel. Arrivé devant la maison de Mme Lecouturier il s'arrête, descend, fait semblant d'inspecter ses pneus, plonge dans le coffre où il disparaît pendant plusieurs minutes. Il inspecte la rue à droite et à gauche. Dans la nuit il voit les phares d'une voiture arrêtée et il se demande si c'est la police...enfin, il entre dans l'immeuble en tenant la boîte bien en évidence. Tout doucement il commence à monter. Il arrive sur le palier du premier étage, s'arrête, pose la boîte par terre, fait semblant de renouer le lacet de son soulier — pas un bruit, pas un mouvement. Il attaque le deuxième étage — toujours personne. De plus en plus lentement, il monte ...troisième étage...quatrième...un peu inquiet, il se

en plaçant sous les yeux de la femme une boîte contenant des chocolats — des cerises au kirsch — dont chaque chocolat est coupé en deux. Antoine se penche et voit, ici et là, dans la masse des bonbons découpés, de petites pierres de grosseurs et de formes différentes; par instants, à la lumière de la lampe, ces petites pierres lancent des feux de toutes les couleurs — des diamants!

'Allez! Vous vous expliquerez au commissariat.'

Bientôt les policiers descendent avec Mme Lecouturier et sa bonne. M. Riquois les suit avec Antoine.

'Cette fois, je tiens la preuve de leur trafic. Je vais aller arrêter le noble Señor Fernando Jacinto Arbez. Je vous remercie. Vous nous avez beaucoup aidés; vous avez tenu votre rôle à merveille. On voit que vous faites du cinéma.'

Très flatté par ces paroles, Antoine remonte sur son tri-porteur. Il est, malgré tout, un peu triste que M. Arbez, qui a l'air si bon, si généreux, si digne, soit un escroc. Il est aussi un peu furieux d'avoir été la dupe d'un gangster. Enfin, c'est la vie!

De retour à la maison il peut enfin dire à sa mère son grand secret, et lui raconter l'arrestation de Mme Lecouturier.

CHAPITRE ONZE

Une promotion inespérée

Le lendemain, à l'hôtel, tous les employés sont encore bouleversés de l'arrestation de ce cher M. Arbez.

'Ils diront ce qu'ils voudront, les policiers; mais moi, je ne crois pas que M. Arbez soit un gangster!' déclare

M. Riquois présente sa carte de la police

péremptoirement une femme de chambre à une autre au moment où Antoine entre dans le hall. Comme il n'était pas présent à l'arrestation du vieillard, elles lui donnent des détails:

'...il était très digne...il est parti très calmement, sans se presser...très gentleman, quoi!' En échange, Antoine leur raconte son aventure chez Mme Lecouturier.

Mais M. Brun, pas de bonne humeur du tout, fait irruption.

'Allons, allons! Assez de conversations! Vous avez du travail? Oui! Alors, allez le faire!' et il s'éloigne en bougonnant que les femmes passent tout leur temps à bavarder. Et la journée commence comme toutes les autres. Qui prendra jamais la place de M. Arbez dans l'Hôtel Majestic?

Vers la fin de la matinée M. Brun fait venir Antoine à son bureau. M. Riquois est là, tout souriant — c'est évidemment une journée de triomphe pour lui. Dès qu'Antoine entre, M. Riquois se lève et lui serre la main.

'Merci encore une fois, Antoine. Sans vous, je suis sûr que notre homme nous aurait encore échappé. Nous avons maintenant son identité: il n'est pas plus argentin que vous ou moi! Il est né à Bordeaux. Son accent est factice. C'est lui le principal agent français d'une bande internationale. C'est une bonne prise!' puis, après une légère pause, 'Pourquoi n'entrez-vous pas dans la police?'

'Oh, être agent de police, ça ne m'attire pas du tout, vous savez.'

'Dommage! En tout cas, je vous serais reconnaissant de me signaler si vous avez des types suspects. Dans ces hôtels de luxe il y en a plus qu'on ne pense!...Je m'en vais écrire mon rapport. Votre M. Arbez va en tirer pour au moins dix ans — à son âge, c'est un homme fini!'

Une promotion inespérée

M. Riquois sorti, M. Brun se lève et s'approche d'Antoine.

'Je suis très content de toi, mon garçon. D'abord tu t'es conduit intelligemment dans cette triste histoire et puis tu es sympathique aux pensionnaires. Voici près d'un an que tu es à l'hôtel et je suis entièrement satisfait de tes services. Puisque tu veux faire ta carrière dans l'hôtellerie, il te faut de l'expérience comme garçon de café, serveur et sommelier. Il faut savoir tout faire dans un hôtel pour pouvoir, un jour, être gérant, comme moi. Eh bien, voici! M. Henri nous quitte le mois prochain. Il n'est plus jeune et va retourner finir ses jours dans sa province où il a acheté une petite auberge. Veux-tu le remplacer?'

'Mais...mais, bien sûr! m'sieur Brun', bégaie Antoine, stupéfait d'une offre aussi avantageuse, '...c'est-à-dire, si vous croyez que je suis capable de remplacer M. Henri.'

'Ce sera un peu dur dans les premiers jours mais le maître d'hôtel, M. Jules, te mettra au courant et il t'aidera quand ce sera nécessaire. Je suis sûr que tu t'y mettras très vite!'

'Quand est-ce que je commence au restaurant, m'sieur?'

'M. Henri part dans un mois. Si tu prends tes quinze jours de vacances tout de suite, M. Henri aura le temps, pendant les quinze autres jours, de te faire travailler avec lui et tu le remplaceras dès son départ. C'est entendu?'

'Oui, m'sieur Brun; je vous remercie bien.'

Et Antoine se sauve à toutes jambes pour aller annoncer à sa mère la nouvelle. La perspective de quinze jours de vacances et d'une promotion inespérée lui donne des ailes.

Listes de Mots

un chasseur, *messenger-boy*
un képi, *page-boy cap*
Gauloises, *brand of cigaretttes*
entendu! *very well, all right!*
le pourboire, *tip*
siffloter, *to whistle to oneself*
tirer de son rêve, *to drag out of his dream*
ça va?, *everything all right?*
le quartier, *the district*
se sentir supérieur, *to feel superior*
un, une concierge, *a door-keeper*
un immeuble, *a block of flats*

la loge, *a concierge's flatlet on the ground-floor of a block of flats*
le radiateur électrique, *electric radiator*
un appartement, *a flat*
un étage, *a storey, a floor*
un locataire, *a tenant*
faire les lits, *to make the beds*
passer une pièce à l'aspirateur, *to run the vacuum-cleaner over a room*
faire la vaisselle, *to do the washing up*
c'est toi?, *is that you?*
le couvert est mis, *the table is laid*
oh, tu penses! *you bet he is!*
une pièce {de théâtre / de radio} *a play*
les nouvelles, *the news*

45

Listes de mots

le facteur, *postman*
le courrier, *the mail*
le tapis, *the carpet*
à toute vitesse, *at full speed*
comme d'habitude, *as usual*
à ce soir! *see you this evening!*
une bonne d'enfants, *nursery maid*
la caissière, *cashier*
le garçon d'étage, *(hotel) boots*
aller chercher, *to fetch*
faire vite, *to make haste*
confier à, *to give to someone to look after*
ricaner, *to snigger*
une tartine beurrée, *a piece of bread and butter*
un bol, *a little bowl (especially for breakfast coffee)*
un chapeau à larges bords, *a broad-brimmed hat*

faire des courses, *to run errands*
faire un tour, *to go for a walk or a ride*
la cour, *the yard*
le tri-porteur, *box-tricycle*
le guidon, *the handlebars*
le feu rouge, *the red light*
lève son bâton, *raises his stick (French policemen direct the traffic
    with a white stick and a whistle)*
rendre la monnaie, *to give back the change*
une chaise-longue, *a lounge-chair, a couch*

le Bois de Boulogne, *a sort of Parisian Hyde Park*
comment va Mme Lecouturier? *How is Mrs Lecouturier?*

46

Listes de mots

Billancourt, *a suburb, west of Paris, on the road to Versailles*
ce que tu dois faire, *what you have to do*
jour de congé, *day off*
balbutier, *to mumble*
au comble de la joie, *at the height of happiness*
l'énervement, *excitement*
le maquillage, *make-up*
un taureau, *a bull*
un broc, *water-jug or can*
une étagère, *a shelf*
un cabinet de toilette, *small room where one washes*
le palier, *landing*
dans l'ensemble, *on the whole*
un disque, *a record*

CHAPITRE SIX [p. 20]

le drap, *sheet*
un oreiller, *a pillow*
une couverture, *a blanket*
la bouche de métro, *entrance to the underground*
prendre un billet, *to buy a ticket*
la rame, *underground train*
la grille, *wrought-iron gates*
une guérite, *sentry-box, shelter*
avoir un rendez-vous, *to have an appointment*
un quolibet, *a jibe*
le nouveau venu, *the newcomer*
le figurant, *an extra*

CHAPITRE SEPT [p. 23]

le pompier de service, *the fireman on duty*
entrée interdite, *no entrance*
le tohu-bohu, *hubbub*
un bifteck aux frites, *steak and chips*
le plateau, *the film set*

Listes de mots

tout à l'heure, *presently*
un métrage-publicité, *advertising-film*
fiston, *sonny, my lad*
il y a un monde fou, *it's packed*

CHAPITRE HUIT [p. 27]

la marque, *make, brand (of cigarettes, etc.)*
c'est tout, *that is all*
serrer la main, *to shake hands*
le patron, *the boss*
avoir du mal à, *to find it hard to*
allez-y ! *carry on!*
convenu, *agreed*
ça ne va pas du tout, *this won't do at all*
tourner un film, *to make a film*
avoir mal aux dents, *to have toothache*
avoir envie de, *to feel like (to want to)*
d'ici quelque temps, *in a while*
la ménagère, *housewife*
faire ses provisions, *to do the shopping*
marchand(e) des quatre-saisons, *costermonger*

CHAPITRE NEUF [p. 31]

tiens ! *well, well!, bless my soul!*
mais qu'est-ce qui se passe?, *what is going on?*
eh bien, ça alors ! *well I never!*
la direction, *the management*
la Sûreté, *French C.I.D.*
pas possible ! *you don't say so! well, I never!*
la pierre, *the stone*
le bijou, *the jewel*
tapoter, *to tap, to thrum*
se donner la peine de, *to take the trouble to*
d'ici un mois, *a month from now*

48

Listes de mots

CHAPITRE DIX [p. 35]

se reprendre, *to recover oneself*
par la même occasion, *at the same time*
le pneu, *the tyre*
la caisse, *the box*
malgré tout, *nevertheless*
suivant la consigne, *following his instructions*
la ficelle, *string*
lancer des feux, *to sparkle*
le commissariat, *police-station*
un escroc, *swindler*

CHAPITRE ONZE [p. 40]

bougonner, *to grumble*
c'est une bonne prise, *it is a good catch*
dommage! *pity!*
en tout cas, *in any case*
je vous serais reconnaissant de, *I would be grateful to you for . . .*
il va en tirer pour, *he will get*
au moins, *at least*
les pensionnaires, *guests, patrons*
être sympathique à, *to be attractive to*
un serveur, *a waiter*
un sommelier, *a wine-waiter*
le maître d'hôtel, *butler, head-waiter*
mettre au courant, *to instruct, put in the picture*
s'y mettre, *to find one's feet*

Questions et Exercices

CHAPITRE PREMIER [*p.* 7]

(*a*) Que savez-vous d'Antoine? Où habite-t-il? Quel âge a-t-il? Que fait-il?

(*b*) Mettez le passage suivant au passé, en choisissant le temps qui convient: p. 8: 'Il ne pleut plus...se sent un peu supérieur.'

CHAPITRE DEUX [*p.* 8]

(*a*) Pourquoi Antoine est-il en retard ce soir-là? Que mangent Antoine et sa mère? Qui est Monsieur Arbez? Que font la mère et le fils après le dîner?

(*b*) Passage p. 10: 'Voyager, prendre le bateau...recommencer.' Ecrivez ce passage au conditionnel en commençant par ces mots: Si Antoine avait une grosse fortune, il voyagerait....

(*c*) Passage p. 10: 'A dix heures et demie...au sixième.' Ecrivez ce passage à la première personne du pluriel, ainsi: A dix heures et demie, nous....

(*d*) Apprenez par cœur le vocabulaire de ce chapitre; puis écrivez une rédaction sur le sujet suivant: Une journée à la maison.

CHAPITRE TROIS [*p.* 11]

(*a*) Que fait Antoine avant d'aller à l'hôtel? Faites le portrait de M. Arbez.

Qu'est-ce que M. Arbez demande à Antoine de faire?

(*b*) Passage p. 11: 'Le facteur sort et entre...de voyager, à lui!' Ecrivez ce passage au passé. (Passé simple/imparfait.)

Questions et exercices

CHAPITRE QUATRE [*p.* 14]

(*a*) Quelles sont les commissions qu'Antoine fait pour M. Arbez? Qui est Madame Lecouturier?

Où demeure-t-elle et avec qui?

(*b*) Ecrivez une rédaction sur ce sujet: Une promenade dans Paris. (Vous êtes avec des amis; vous marchez dans une rue importante — description de la rue, dialogue; vous faites quelques commissions.)

(*c*) Traduisez en français: 'It is 8.15. M. Rambert shuts the door of his flat, runs down his three flights of stairs, says "good-morning" to his door-keeper sweeping the pavement, and goes to the café at the corner of the street to buy a packet of cigarettes. Then he walks to his underground station. Passing by a florist's he remembers that today is May 1st; he enters the shop and buys a bunch of lilies of the valley that he will give to his wife at lunch-time.'

(*d*) Traduisez le même passage mais au passé: It was 8.15, M. Rambert shut..., ran..., said....

CHAPITRE CINQ [*p.* 17]

(*a*) Qu'est-ce que M. Arbez propose à Antoine? Décrivez la chambre d'Antoine. Que fait-il avant de dormir?

(*b*) P. 20, fin du chapitre: 'Avant de dormir...s'endort.' Ecrivez ce passage au passé composé (ex.: j'ai mangé, je suis venu...). Attention! Un verbe doit être à l'imparfait. Lequel?

CHAPITRE SIX [*p.* 20]

(*a*) Comment Antoine va-t-il au studio? Que fait Antoine en arrivant au studio?

(*b*) P. 21: 'Personne ne descend...studio cinématographique de Billancourt.' Ecrivez ce passage au passé. (Passé simple/imparfait.)

Questions et exercices

CHAPITRE SEPT [p. 23]

(a) Quel est le nom du producer? Où Antoine déjeune-t-il? Que savez-vous du nouvel ami d'Antoine?

(b) Ecrivez le passage suivant en imaginant que deux garçons parlent (ex.: Nous attendons entre le pompier...).
'Il attend entre le pompier de service et un gros sac de sable. Epuisé d'être sur ses jambes depuis six heures du matin, il finit par s'asseoir sur le sac de sable qui lui paraît invitant. Perché sur son sac, la tête contre le mur, Antoine est maintenant sur le point de s'endormir; il perd contrôle de l'heure. "Alors tu as vu Jacques Richard?" Antoine sursaute. C'est M. Georges qui apparaît à ses yeux pleins de sommeil. "Mais non, monsieur", répond-il en sautant de son sac. "Allez, viens avec moi!" M. George le pousse devant lui, ouvre une porte... Antoine se trouve pour la première fois de sa vie sur un plateau de cinéma.'

CHAPITRE HUIT [p. 27]

(a) Que fait Antoine dans son film? Avec qui joue-t-il? Que fait-il avant de reprendre le métro? Qui vient le voir, ce soir-là?

(b) Ecrivez le script du film d'Antoine.

(1) Conversation entre l'homme et la femme pendant le dîner.

(2) L'homme voit Antoine, l'appelle. Conversation entre l'homme et Antoine.

(3) Les cigarettes sont excellentes. Ils se lèvent, la femme met son manteau, l'homme paie la note, ils partent.

CHAPITRE NEUF [p. 31]

(a) Qu'est-ce qu'Antoine découvre en arrivant à l'hôtel? Pourquoi M. Brun le demande-t-il? Qui est M. Riquois? Qu'est-ce que M. Riquois demande à Antoine de faire?

Questions et exercices

(*b*) Passage p. 34: 'Vous monterez l'escalier...d'inspecter la boîte.' Ecrivez ce passage à la première personne du singulier et au passé composé en faisant tous les changements nécessaires.

CHAPITRE DIX [*p.* 35]

(*a*) Quelle différence y a-t-il entre cette arrivée de M. Arbez et les précédentes? Racontez la visite d'Antoine à Mme Lecouturier. Que découvre-t-on dans les chocolats? Quel est le résultat de cette découverte?

(*b*) Donnez une autre fin à ce chapitre.

CHAPITRE ONZE [*p.* 40]

(*a*) Que suggère M. Riquois à Antoine? Quelle offre M. Brun lui fait-il? Quelles sont les bonnes nouvelles qu'Antoine court donner à sa mère?

(*b*) Ecrivez la conversation qu'Antoine va avoir avec sa mère.

Vocabulaire

(s')abattre, *to come, crash down*

(d')abord, *first of all*

abriter, *to shelter*

accrocher, *to hang up*

acheter, *to buy*

affairé, *busy*

les affaires, *business*

affolé, *crazy, demented*

affreux, -se, *frightful, horrible*

agir, *to act*

ahuri, *dumbfounded, dazed*

aider, *to help*

(d')ailleurs, *besides*

ainsi, *thus*

ajouter, *to add*

allure (f), *pace*

amande (f), *an almond*

appartement (m), *a flat*

apporter, *to bring*

après, *after*

argent (m), *money*

argentin (m), *of Argentina*

arranger, *to set in order*

arrêter, *to arrest*

(s')arrêter, *to stop*

ascenseur (m), *a lift*

aspirateur (m), *a vacuum-cleaner*

assez, *enough*

assiette (f), *a plate*

assorti, -e, *matching*

attendre, *to wait for*

attirer, *to attract*

auberge (f), *an inn*

au-dessus de, *above*

auprès de, *near*

(s')avancer, *to go forward*

avant, *before*

avant-hier, *the day before yesterday*

avion (m), *a plane*

bagage (m), *luggage*

bâiller, *to yawn*

balbutier, *to mumble, to stammer*

bateau (m), *a ship*

bâtiment (m), *a building*

bavarder, *to chatter, gossip*

bégayer, *to stammer*

besoin (m), *a need*

bête (adj), *silly*

bête à cornes (f), *horned beast*

bien sûr, *of course*

bienveillant, *well-wishing*

bijou (m), *a jewel*

billet (m), *a note, a banknote*

boire, *to drink*

bois (m), *wood*

bol (m), *a bowl*

bonne (f), *a maid*

bonsoir, *goodnight*

bord (m), *edge, brim (of a hat)*

bouche (f), *mouth*

boucher (m), *butcher*

bougonner, *to grumble*

bouleversé, *upset*

Vocabulaire

(au) bout (de), *at the end of*
boutique (f), *a shop*
bras (m), *an arm*
broc (m), *a water-jug or can*
bruit (m), *a noise*
bureau (m), *an office, a desk*

cadeau (m), *a present*
caisse (f), *a box*
caissier, -ère, *a cashier*
carnet (m), *note-book*
carrelé, *tiled*
celui, celle, *the one*
celui qui, celle qui, *the one who*
cerise (f), *a cherry*
chance (f), *luck*
chapeau mou (m), *a felt hat*
chaque, *each*
(à) chaque fois, *each time*
chasseur (m), *messenger-boy (in a hotel)*
chaussée (f), *the causeway, the road*
chemin (m), *way, path*
cher, chère, *dear*
chercher, *to look for*
clé, clef (f), *a key*
client (m), *a customer, a patron*
clocher (m), *a steeple*
coiffeur (m), *a hairdresser*
comment, *how*
commerçant (m), *a shop-keeper*
commissions (faire les), *to run errands*
comprendre, *to understand*

comptoir (m), *a counter*
confiance (f), *confidence, trust*
confier à, *to trust with*
confiseur (m), *confectioner, sweet-shop*
congé (m), *a holiday*
connaître, *to know*
conserve (f), *preserve*
conserves de viande, *tinned-meat*
consigne (f), *orders, instructions*
corbeille (f), *a basket*
corne (f), *a horn*
corpulent, *fat, thick-set*
(à) côté, *next door*
couper, *to cut*
cour (f), *a yard*
courses (faire les), *to run errands*
crainte (f), *fear*
cravate (f), *a tie*
croire, *to believe*
croisement (m), *crossroads*
croisière (f) *a cruise*
cuillère (f), *a spoon*
cuillerée (f), *a spoonful*
cuir (m), *leather*
cuivre (m), *brass, copper*

davantage, *more*
débarquer, *to land*
debout, *standing*
découper, *to cut out*
déçu, *disappointed*
défaire, *to undo*
défilé (m), *endless procession*
dégringoler, *to tear down*
dehors, *outside*

déjà, *already*
demain, *tomorrow*
dénouer, *to untie*
dent (f), *tooth*
(se) dépêcher, *to hurry*
déposer, *to put down*
derrière, *behind*
descendre, *to go down*
désenchanté, *disillusioned*
(se) déshabiller, *to undress*
dès que, *as soon as*
dessus, *above, over*
diamant (m), *diamond*
diriger, *to direct, to run,*
    manage
disque (m), *a record*
distrait, *absent-minded*
domestique (m, f), *servant*
doucement, *softly, slowly*
(sans) doute, *no doubt,*
    probably
drap (m), *sheet*
droite (f), *right*
dur, *hard*

eau (f), *water*
ébouriffé, *dishevelled*
échapper à, *to escape*
éclair (m), *lightning*
écouter, *to listen*
écrire, *to write*
également, *also*
(s')élancer, *to rush forward*
(s')élargir, *to widen*
(s')éloigner, *to move off, to*
    withdraw
empocher, *to thrust into one's*
    pocket
encadrer, *to frame*

(s')endormir, *to go to sleep*
énervé, *excited*
entasser, *to stuff*
entendre, *to hear*
entendu! *all right!*
entre, *between*
(avoir) envie de, *to feel like*
environnant, *neighbouring*
envoyer, *to send*
épais, *thick*
épuisé, *worn out*
escalier (m), *staircase*
escroc (m), *swindler, crook*
étage (m), *a storey*
étagère (f), *a shelf*
éteindre, *to switch off*
étonné, *surprised*
étroit, *narrow*
éviter, *to avoid*

(en) face (de), *opposite*
façon (f), *manner*
facteur (m), *postman*
(avoir) faim, *to be hungry*
(se) faufiler, *to thread one's*
    way through
fébrile, *feverish*
feux (de circulation), *traffic*
    lights
(lancer des) feux, *to*
    sparkle
ficelle (f), *string*
fier, *proud*
figurant (m), *an extra*
fiston, *son, sonny*
fois (une), *time, occasion*
fond (m), *bottom, end*
(au) fond, *at heart, funda-*
    mentally

Vocabulaire

formidable, *wonderful*

fort (adj), *strong*; (adv) *very*

fou, *mad*

foule (f), *crowd*

frapper, *to knock, hit*

frire, *to fry*

frite (f), *a chip*

fromage (m), *cheese*

fumant, -e, *steaming*

fumer, *to smoke*

gagner, *to reach, win*

galon (m), *braid*

gauche (f), *left*

gelé, *frozen*

gencive (f), *gum*

gendre (m), *son-in-law*

genre (m), *kind, type, sort*

(les) gens, *people*

gérant (m), *manager*

gerbe (f), *a sheath*

geste (m), *gesture, sign*

glace (f), *mirror*

glisser, *to slip*

goût (m), *taste*

grille (m), *iron gate*

gronder, *to scold, growl*

grosseur (f), *size, thickness*

guérite (f), *sentry-box, shelter*

guidon (m), *handlebars*

habitude (f), *habit, custom*

(comme d')habitude, *as usual*

(à tout) hasard, *on the off chance*

haut, *high*

(tout à l')heure, *presently*

heureux, *happy*

homme (m), *man*

immeuble (m), *a block of flats*

imperméable (m), *a mackintosh*

inconnu (m), *a stranger*

(s')inquiéter, *to worry*

inquiétude (f), *worry*

interdir, *to forbid*

interrompre, *to interrupt*

jamais, *never*

jambe (f), *leg*

jambon (m), *ham*

jeter (il jette), *to throw*

jeune, *young*

jonché de, *littered with*

jugulaire (f), *chin-strap*

képi (m), *page-boy cap*

là-bas, *yonder, over there*

lacet (m), *shoestring*

laisser, *to let, to leave*

lait (m), *milk*

(se) laver, *to wash*

légèrement, *slightly*

lendemain (m), *next day*

lentement, *slowly*

lenteur (f), *slowness*

lequel, laquelle, *which*

lèvre (f), *lip*

locataire (m, f), *tenant*

loin (de), *far from*

longueur (f), *length*

lourd, *heavy*

lucarne (f), *skylight*

58

Vocabulaire

lumière (f), *light*

main (f), *hand*
(avoir du) mal (à), *to find it hard to*
malade, *ill*
malgré, *in spite of*
malheureusement, *unfortunately*
marbre (m), *marble*
marchand (m), *shopkeeper*
marche (f), *walk*
marché (m), *market*
mari (m), *husband*
marine (f), *navy*
marque (f), *make, brand*
matin (m), *morning*
mèche (f), *strand (of hair)*
meilleur, *better*
ménagère (f), *housewife*
mettre, *to put*
meuble (m), *a piece of furniture*
mielleux, *honeyed, sugared*
(au) milieu (de), *in the middle of*
(au) moins, *at least*
mois (m), *a month*
monde (m), *world*
(tout le) monde, *everyone*
monnaie (f), *change*
mordre, *to bite*
mort (e), *dead*
mot (m), *a word*
mousquetaire (m), *a musketeer*

navet (m), *turnip*
neuf, *new*
nourriture (f), *food*

nouvelle (f), *a piece of news*

ombre (f), *shadow*
orage (m), *thunderstorm*
oreille (f), *ear*
oreiller (m), *pillow*
ôter, *to remove*
oublier, *to forget*
ouvrier, *a workman, worker*

pain (m), *bread*
paix (f), *peace*
palier (m), *landing*
palmier (m), *palm-tree*
panneau (m), *placard*
paraître, *to appear*
parapluie (m), *umbrella*
parfois, *sometimes*
parler, *to speak*
partir, *to leave*
partout, *everywhere*
pas (m), *a step*
passer un mois, *to spend a month*
patron, *boss*
pays (m), *country, province*
(à) peine, *hardly*
(se) pencher, *to lean*
pendant que, *while*
pensée (f), *thought*
perdre (p.p. perdu), *to lose*
personne, *nobody*
personnel (m), *staff*
pièce (f), *a room; a play*
pied (m), *foot*
pierre (f), *stone*
plat (adj), *flat*
plateau (m), *a tray; the set (cinema)*

59

Vocabulaire

plein, *full*
plusieurs, *several*
plutôt, *rather*
poisson, *fish*
pompier, *fireman*
porter, *to carry; to wear*
portière (f), *door (car, train)*
poser, *to put*
potage (m), *soup*
pourboire (m), *tip*
poursuivre, *to pursue; to go on*
pouvoir, *to be able to*
(se) précipiter, *to rush forward*
prendre, *to take*
(se) presser, *to hurry*
preuve (f), *proof*
prévenir, *to warn*
(faire les) provisions, *to do the shopping*
publicité (f), *advertising*

quartier (m), *a district*
quelqu'un, *someone*
quolibet (m), *jibe*

raconter, *to tell*
ragoût (m), *stew*
rame (f), *underground train*
recevoir, *to receive*
reconnaître, *to recognise*
réfléchir à, *to ponder, consider*
regagner, *to go back to*
remercier, *to thank*
(se) remettre, *to get over; to start again*
remonter un réveil, *to wind up an alarm-clock*

(se) rendre, *to make one's way to*
renouer, *to tie up again*
rentrer, *to go back home*
renverser, *to upset*
repas (m), *meal*
répliquer, *to retort*
répondre, *to answer*
reprendre, *to go on*
(se) reprendre, *to recover oneself*
ressembler, *to look like*
rester, *to stay*
(être en) retard, *to be late*
retentir, *to resound*
(se) retourner, *to turn round*
réveil (m), *alarm-clock*
(se) réveiller, *to wake up*
revenir de, *to come back from*
rêverie (f), *day-dream*
ricaner, *to snigger*
rideau (m), *curtain*
rien, *nothing*
rieur, *laughing*
rire, *to laugh*
roman (m), *novel*
roman policier, *detective novel*
rompre (je romps, il rompt), *to break*
rugir, *to roar*

sable (m), *sand*
salle (f), *a room*
salon (m), *drawing-room*
saluer, *to salute, to bow*
sans, *without*
sauter, *to jump*

Vocabulaire

(se) sauver, *to run away*
semaine (f), *week*
(faire) semblant (de), *to pretend*
(se) sentir, *to feel*
serrer (la main à), *to shake hands with*
serveur (m), *table-waiter*
seul, -e, *alone*
siffler, *to whistle*
siffloter, *to whistle to oneself*
(faire) des signaux, *to beckon to*
sillage (m), *wake*
soigneusement, *carefully*
soir (m), *evening*
soldat (m), *soldier*
sommeil (m), *sleepiness, sleep*
sommelier (m), *wine-waiter*
songer, *to think, dream*
sonner, *to ring*
(un coup de) sonnette, *a ring*
soucieux, *anxious, worried*
soulier (m), *shoe*
stupéfait, -e, *astounded*
stylo (m), *fountain-pen*
sueur (f), *sweat*
suivre, *to follow*
surprenant, *surprising*
sursauter, *to give a jump, to start*
surtout, *especially*

tableau (m), *picture*
taille (f), *size*
(se) taire, *to keep silent*
tapis (m), *carpet*

tapoter, *to tap, to thrum*
tartine beurrée, *a slice of bread and butter*
taureau (m), *a bull*
tellement, *so much*
tendre à, *to hand over to*
(se) tenir, *to be, to stand*
terminer, *to end*
terre (f), *earth, ground*
tête (f), *head*
tiens! *well, well! bless my soul!*
tirer, *to pull*
tohu-bohu, *hubbub*
(faire le) tour de, *to go round*
tortue (f), *tortoise*
tout à fait, *quite*
tout de même, *all the same*
trahir, *to betray*
traîner, *to drag*
trajet (m), *journey*
travailler, *to work*
traverser, *to cross*
trembler, *to shake*
tricoter, *to knit*
tri-porteur, *box-tricycle*
trottoir (m), *pavement*
trouver, *to find*
(se) trouver, *to be; to stand*

usine (f), *factory*

vaisselle (f), *washing up*
valise (f), *suitcase*
vendeur, se, *shop-assistant*
vendre, *to sell*
verre (m), *glass*
verser, *to pour*
veste (f), *short jacket*

Vocabulaire

vestiaire (m), *cloak-room*
vêtement (m), *a piece of
 clothing*
vêtir (p.p. vêtu), *to dress*
viande (f), *meat*
vie (f), *life*
vieillard (m), *old man*
vin (m), *wine*
vitesse (f), *speed*

vitré(e), *glazed (door)*
voisin (m), *neighbour*
voiture (f), *carriage, car*
voltiger, *to fly about, flutter*
vouloir (je veux, il veut),
 to want
voyager, *to travel*
vraiment, *truly, really*
vue (f), *sight, view*